nunu's house II
田中智のミニチュアコレクション

Message

はじめまして。

そうでない方はこんにちは。

ありがたいことに皆様のおかげで

2冊目となる作品集を作ることができました。

この本は、前回の『田中智のミニチュアワーク』より

もっと細部まで見ていただける内容になっています。

私たちの生活を見本にミニチュアを作りました。

小さい作品なので、写真や誌面でなければ伝わらない

"ミニチュアの素敵！"を

お届けできれば嬉しいです。

どうぞごゆっくり

ミニチュアの"あるある"を探してください。

Tomo Tanaka.

Contents

Chapter 1

ようこそ
ミニチュアの世界へ

- 8 　Garden & Kitchen Studio
　　　ガーデンキッチンスタジオ

Chapter 2

よりすぐりの
ミニチュアコレクション

- 16 　焼き菓子
- 18 　タルト
- 19 　クグロフ
- 20 　パン
- 22 　ガトー
- 24 　4種のタルト
- 26 　クリスマスロールケーキ
- 28 　チョコレートギフト
- 29 　ハロウィンディスプレイ
- 30 　オムライスプレート
- 32 　グリルプレート
- 34 　家具

Chapter 3

飾って楽しむ
ミニチュアワールド

- 40 　パティスリー
- 42 　ブーランジェリー
- 44 　テイクアウトスープ & お惣菜セット
- 46 　メガネディスプレイ
- 48 　小さなディスプレイ　{くまのnunu}
- 49 　バスソープギフトセット

Chapter 4

How to Make

- 52 　ミニチュア作りに使うおもな用具と素材
- 54 　ワッフルプレート
- 63 　お皿
- 67 　アジとカキのカフェプレートランチ

Chapter 5

もうひとつの
ミニチュアワールド

- **82** 和風ハンバーグランチ
- **84** アジとカキのカフェプレートランチ
- **85** コンビニお弁当セット
- **86** コンビニパンセット
- **87** 携帯端末セット

Column 1
ベーカリーを訪ねて　36

Column 2
アトリエにて　50

Column 3
Garden & Kitchen Studio が
できるまで　80

Chapter 1

ようこそミニチュアの世界へ
Welcome to the World of Miniature

この本のために作りおろしたキッチンを紹介します。
正面だけでなく、左右からも見て楽しめるような作品にしたくて制作しました。
ドラマの撮影で使いたくなるような、憧れのキッチンです。
彩りのポイントとして、グリーンを置いてみました。

Garden & Kitchen Studio
ガーデンキッチンスタジオ

親しみのあるキッチンというより、憧れのキッチンを作りたくてこのハウスを制作しました。ショールームのフロアにディスプレイされているモデルキッチンのような空間です。

Size

幅350mm×奥行き220mm×高さ320mm

ペンダントライトやカフェカーテン。撮影で使われるスタジオのようなキッチンの内装はインテリアの雑誌からもヒントを得ました。

上／流しの周りはタイル。清潔感あふれるキッチンです。左／流しの下のバスケットはワイヤーを編みました。木箱は実際に板を組んで組み立てています。

このキッチンのために、食器をたくさん作りました。飾って楽しむ食器なので、シンプルで邪魔にならないデザインにしました。

上/トースターのドアは開閉できます。これからパンを焼くところです。下/青いライトでコンロの火を表現しました。鍋やポット、キャニスターはすべてふたが開きます。

このキッチンはドアのほかに4種類の窓があります。そのひとつが突き出しの連段窓。すべて開閉できます。

Garden & Kitchen Studio

グリーンを取り入れて外と中の境界をなくし、癒しの雰囲気を表現しました。私はあまり観葉植物を作らないのですが、この作品では彩りを添える意味で取り入れてみました。

Garden & Kitchen Studio

正面からだけでなく、角度を変えて、見て楽しめるハウスにしました。どの面も、キッチンとガーデンを融合させた雰囲気作りをしています。

左側の壁面にはガーデングッズを飾っています。雑貨はガーデン雑誌などで調べながら制作していきました。ジョウロやランタンは紙でできています。

上/上げ下げ窓も開閉できます。開けた窓が途中で止まるよう、枠に溝を作るのは本物と同じ構造です。下/奥にはオイルヒーター。プラ板で作りました。

ペンダントライトはボールペンの先のパーツを利用しました。電気は麦球を使い、交換ができるように作りました。

ステンドグラスもアクセントに作りました。キッチンの中にも飾っています。どんな雑貨を置くかは、制作前にイメージを膨らませています。

Chapter 2

よりすぐりの
ミニチュアコレクション

Miniature Collection

見たことのあるもの、食べたことのあるものを題材に、
いろいろなミニチュアを作りました。
見た瞬間に、触ったときの感じや食べたときの味などを
想像してもらえたらとても嬉しいです。

焼き菓子
Baked Sweets

小さいけれどひとつひとつ質感や形が違う焼き菓子。同系色でまとめると、その違いがわかっておもしろいですよね。マドレーヌやフィナンシェなど、ティータイムに食べたい焼き菓子をセレクトしました。

Size
オレンジパウンドケーキ　幅17mm×奥行き7mm×厚さ4mm
フィナンシェ　縦7mm×横4mm
マドレーヌ　縦7mm×横4mm

バターの風味が豊かなフィナンシェ、貝殻の形のマドレーヌ、クッキー生地に木の実をキャラメルコーティングしたフロランタンを並べてみました。

Eoma's Comment

マドレーヌやフィナンシェなどおなじみのお菓子は、味を想像してもらえるよう、色や質感を大事に表現するよう心がけています。

原寸大

オレンジの酸味と、しっとりしたバター風味の生地との相性がいい、オレンジパウンドケーキ。

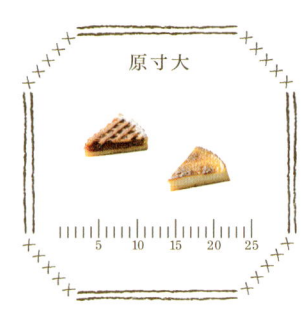
原寸大

ピースのタルトは、最初からこの形に作らず、角度を大きめに作ってカットすることで切り口を表現しています。

タルト
Piece of Tarte

タルトの主役は生地。香ばしさが漂う4種類のタルトを作ってみました。ホールで作ることもありますが、1ピースをこだわって作るのもミニチュアのおもしろいところです。

上から、酸味のあるフランボワーズのタルト、タルト生地にプリンを流しキャラメリーゼ（砂糖を焦がしてキャラメル化すること）したブリュレタルト、アーモンドクリームと洋なしのタルトポワール、ナッツとクルミのキャラメルタルト。

Size

タルト　長辺8mm×厚さ2mm

クグロフ
Gugelhupf

クグロフ型で焼く、ドイツやフランスのお菓子です。ブリオッシュ生地、チョコレート生地、アールグレイを練り込んだ生地の3種類をセレクトしました。制作に時間はかかりましたが楽しく作ることができました。

Size
底面の直径14mm×高さ10mm

クグロフの金型も制作しました。型は、写真の鏡面仕上げのほかに、マット仕上げも作りました。

Tomo's Comment

フォルムが美しい。これがクグロフを作りたくなる理由です。特徴あるこの形をきちんと出すために、何度か修正してこの形になりました。

原寸大

クグロフの生地、チョコレートの質感、アーモンド、クルミ、ピスタチオのトッピングにこだわりました。

パン
Bread Collection

パンは私にとって、自分の技術を再確認するためのアイテム。本物のパンは中からの力で膨らみますが、ミニチュアは外からの力で膨らみを表現しなくてはなりません。そこを再現するために試行錯誤を繰り返しています。

Size
イギリスパン　幅18mm×奥行き7mm×高さ9mm
バケット　幅6mm×長さ37mm

イギリスパン。ポピュラーなパンは味や生地の感触を想像しやすいので、そこに近づけるよう、心がけています。

バケットも皮のパリパリした感じや味が想像できるよう、成形と色に注意して制作しています。

天然酵母バケット。クープの数がバケットよりも少なく、バケットよりもやわらかいフランスパンです。

左上から、パン・オ・レザン、クリームチーズのデニッシュ、りんごのデニッシュ、クイニーアマン、いちじくのパン、パン・オ・ショコラ、チーズベーグル、クロワッサン。

カレンズは干しぶどうを入れたパン。外側はパリッとしていて中はふわっとしているパンです。

原寸大

パン・ド・カンパーニュ。「田舎パン」という意味のフランスパン。素朴な丸い形が特徴です。

21

サントノーレ・ルージュ。サントノーレのいちごクリームタイプ。

いちじくのタルト。いちじくの甘さが楽しめるお菓子です。

オペラ。スポンジやガナッシュやクリームを重ねたチョコレートケーキ。

マカロンピスターシュ。ピスタチオのマカロンにクリームとベリーをはさんだお菓子。

ミルフィーユ。パイ生地の間にカスタードクリームをはさんでいます。何層にも重なったパイの生地がポイント。

フランボワーズのタルト。爽やかなフランボワーズの酸味とサクサクのタルトが相性抜群です。

エクレール。表面をキャラメリーゼした細長いシュークリーム。

サントノーレ・ショコラ。パイ生地の上にキャラメリーゼしたプチシューをのせ、チョコクリームをトッピング。

原寸大

ガトー

Sweets Collection

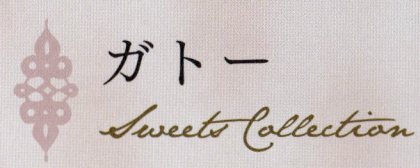

見て楽しく、食べておいしい、ガトーのミニチュアを作りました。お菓子を作るときは色合いや質感を再現するために、資料を用意することが大切です。もちろん、本物を食べてみるのが一番ですね。

Size

タルト　直径6mm
ミルフィーユ　縦2mm×横7mm×高さ3mm

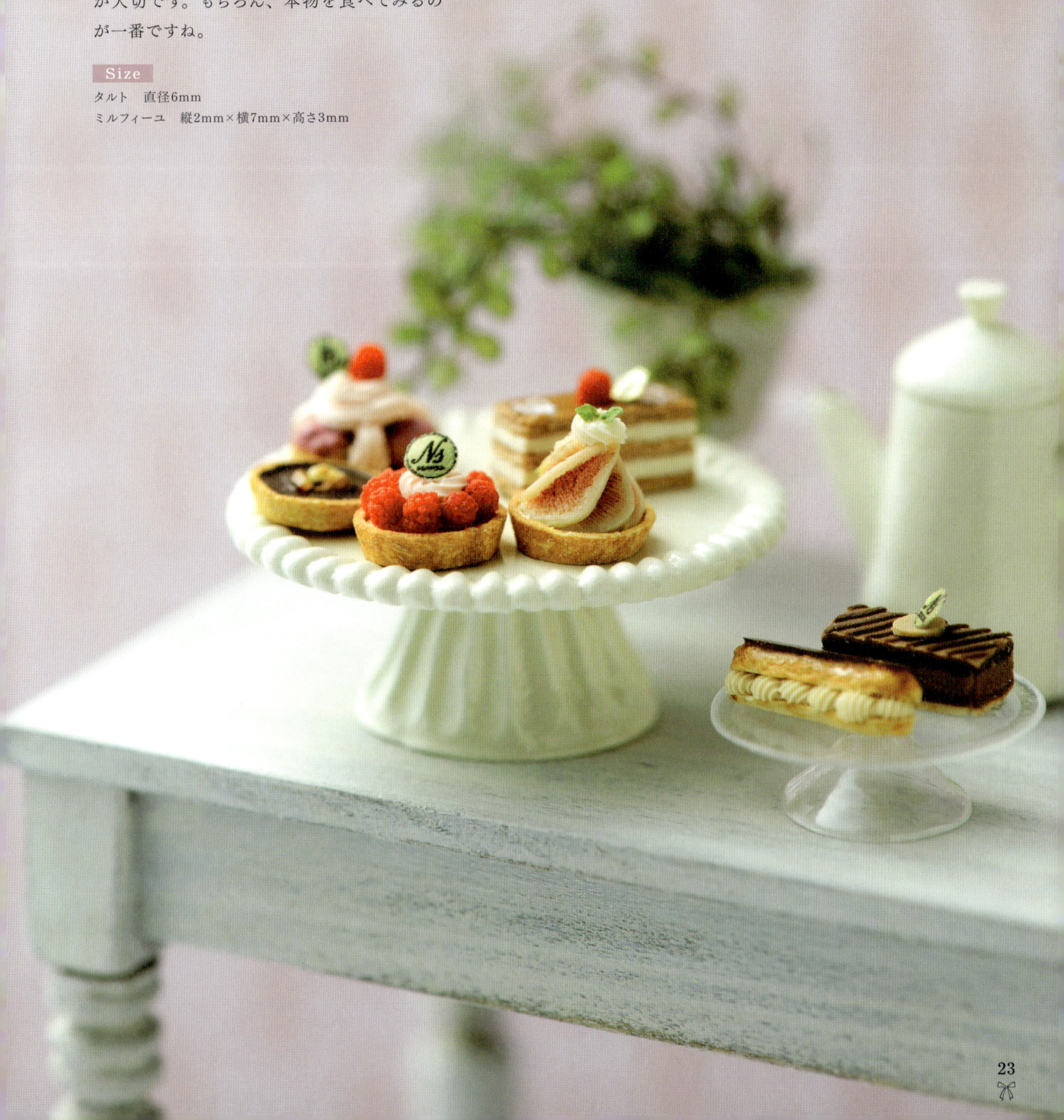

4種のタルト
Four Types of Tarte

ミニチュアで表現したときに楽しそうな4種類のタルトをホールで作りました。たくさんのフルーツがトッピングされたタルトは時間がかかりますが、私の場合、技術的にある程度手間がかかるもののほうが、楽しく作れる気がします。

Size
タルトの直径18mm

原寸大

Tomo's Comment
タルトをのせるコンポート（脚つき皿）は、ゴールド、白、透明と3種類作りました。タルトの色合いによってコンポートの色も選ぶようにしています。

タルト・フリュイ（フルーツのタルト）。ベリーやオレンジ、パインなどをのせた見た目も楽しいタルト。

左から、モンブランタルト、いちじくのアーモンドクリームタルト、ベリーベリータルト。

クリスマスロールケーキ

Variety of Swiss Roll

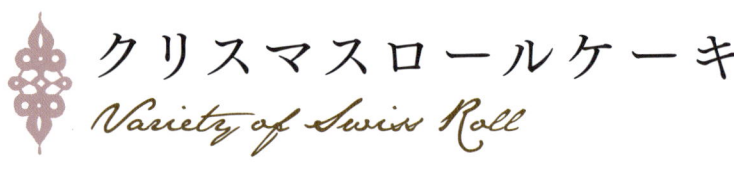

生地を巻くだけでこんなにもかわいらしくなるなんて。ロールケーキを考えた人はすごい！ と思いながら作りました。味やフルーツの種類によって、いろいろなデコレーションができます。

Size

切り口の横幅9mm×長さ12mm

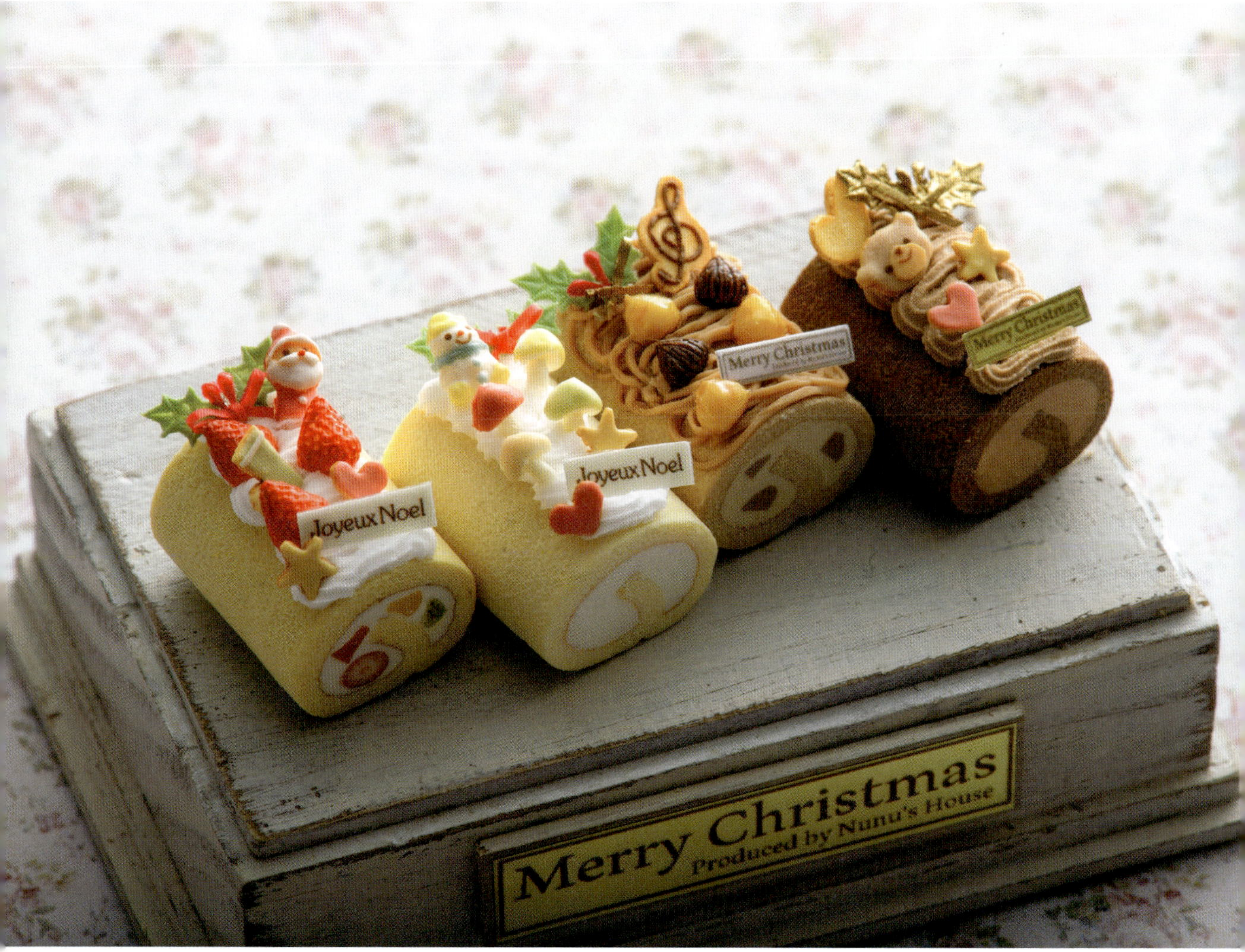

左上／栗をテーマにしたロールケーキはマロンクリームと2種類の栗をトッピング。右上／フルーツのロールケーキはクリームの中にもいちごやキウイを入れました。左下／ミルクロールケーキはクリームたっぷり、シンプルなおいしさ。右下／チョコロールケーキ。チョコクリームの上に、くまのヌヌ（私のブランド、nunu's houseのキャラクター）をのせました。

チョコレートギフト
Chocolate Selection

小さいものが集まって箱にきちんと収まる。これは、ミニチュアの基本的な楽しみ方のひとつだと思います。箱に収めるチョコレートは、質感とデザインを変えながら、いろいろな表情を作っていきました。

Size
ギフトボックス（25個入り・ふたをしたとき）
縦22mm×横22mm×高さ4mm
くまのチョコレート（1個）　身長5mm×幅2.5mm

贈り物にぴったりの、くまのチョコレートギフト。ボックスは、ふたではなくスライドタイプにしました。

原寸大

箱は、紙製にすると劣化してしまうので、プラ板を利用しています。プラ板で作れば、いつまでもふたの開け閉めができます。

ハロウィンディスプレイ
Halloween Display

実は私にとってあまりなじみのないハロウィン。時代とかわいらしさに流されて作ってみました。ハロウィンはオレンジと黒という色に特徴があってイメージがつきやすいですよね。

Size
ハロウィンディスプレイ　直径38mm×高さ50mm
ドーナツのトレー　　　　幅25mm×奥行き18mm×高さ18mm

ハロウィンの気分を盛り上げてくれる、小さなディスプレイ。ライトが光るよう、仕掛けを施しました。

原寸大

右/ハロウィンのかぼちゃと墓石とほうきを飾ってコンパクトなディスプレイに。上/ドーナツは有名店のドーナツをモチーフに作りました。

オムライスプレート
Rice Omelet

私が子どものころのオムライスは、今のように「ふわふわ」「とろとろ」の卵がのったものではなく、しっかり卵にくるまれていました。その違いをミニチュアで表現したくて、2種類作ってみました。

Size
プレート　縦22mm×横30mm

定番オムライスプレート

昔ながらの、しっかり卵にくるまれたオムライス。つけ合わせは、エビフライ、ナチュラルカットポテト、カットトマト、きゅうり、レタス、オニオンスープです。

Tomo's Comment

卵の質感はもちろんですが、オムライスで大切なのは中のケチャップライス。お米の粒がより本物らしくなるよう、作り方を研究しました。

原寸大

ふわとろオムライスプレート

ふわふわとろとろの状態で仕上げたオムライス。ソースはデミグラスです。つけ合わせは、ボールコロッケ、スマイルポテト、野菜スープ、フジッリとオリーブのサラダ、プチトマト。

原寸大

グリルプレート
Grill Plate

誰が見てもわかる、共感が持てるミニチュアを作りたくて制作しました。ミニチュアにとって題材はとても大切な要素。グリルプレートはテーマとしても安定感があります。メインディッシュはチキン、ステーキ、ハンバーグ。

Size

黒いプレート　直径17mm

Tomo's Comment

レストランでも定番のメニュー。なじみがあるだけに、ひと目で納得してもらえるディテールを表現しなくてはなりません。

ステーキは切り口がポイント。ナイフで切ったときの断面でおいしさを表現します。

ハンバーグと目玉焼き。黄身の色やお肉の焼き加減がポイントです。つけ合わせにブロッコリーを選びました。

レストランのサンプル、というイメージで、3種類のプレートを木片に貼りました。これだけでも楽しいディスプレイになります。

原寸大

5　10　15　20　25

家具
Furniture

お皿、食べ物、雑貨などを見せるときの背景として、ミニチュアをしっかりサポートしてくれる家具たち。苦手ながら、採寸していろいろ作っています。なかなか主役にはなりませんが、大切なアイテム。色にも気を配りました。

Size
ドロワーボックス　幅57mm×奥行き20mm×高さ54mm
ドクターキャビネット　幅70mm×奥行き36mm×高さ139mm
ペイント食器棚　幅102mm×奥行き36mm×高さ147mm
キッチンカウンター　幅152mm×奥行き37mm×高さ75mm

アンティークのペインティング家具、ドロワーボックス。仕分け棚です。すべての引き出しが開けられる作りです。

ドクターキャビネット。ケビントともいいます。側面がガラス張りなので、飾り棚として重宝する家具です。蝶番も作りました。

ペイント食器棚。トビラは引き戸タイプ。引き出しもすべて開閉でき、中に収納ができます。

Eoma's Comment

私の中で家具はメインではなく、舞台。単体では注目されにくいアイテムですが、見ていただける機会ができて嬉しいです。

上／キッチンカウンター。天板をタイル張りにし、清潔感を出しました。右／雑貨を収納したり、グリーンを飾ったり、用途もたくさんあるワイヤーラック。

Column 1
ベーカリーを訪ねて

9年前に訪れたベーカリーを、再び訪問しました。私にとってパンは大好きな食べ物であると同時に、ミニチュアでもよく作る、大切な存在です。初心に戻って、純粋な気持ちで、本物ができるまでを見てきました。

神戸にあるベーカリー、フロイン堂。1932年に創業した、老舗のパン屋さんです。工房には煤で黒くなったレンガの窯や山と積まれた食パンの型。戦前からずっとこの窯でパンが焼かれています。以前訪れたとき、現場の厳しさと職人のこだわりを目の当たりにし、「ものづくりはこだわりがあってなんぼだ」と痛感したのを覚えています。

この扉の中で生地を発酵させます。長年使われてきた道具類は趣があってかっこいい。

二代目の竹内義之さんがアンドーナツを成形します。揚げたてを楽しみに予約するお客さんが多いのもうなずけます。

左／職人の呼吸がそろい、無駄な動きがひとつもない、そんな現場の様子。ふわふわの大きな生地から、食パンを始め、ライ麦パン、クルミパン、バゲットなど、10種類ものパンができていきます。右／使い込まれた道具達は、常にあるべき位置へ収まっています。

こねて発酵された生地が窯で焼かれます。本物のパン作りの工程を見ることは、ミニチュア作りでとても参考になります。本物の工程を知っていることが大切なのだと思います。

窯の扉には、焼き具合を見るための小さな窓がついています。

9年前に訪れたとき私が書いた取材ノート。現場の雰囲気を肌で感じ、夢中でメモを取ったのを覚えています。このときの訪問は、その後の制作活動の原動力となりました。

焼きたての食パンが店頭に並びます。窯から出したばかりのパンは表面が割れて、パリパリパリ…と音を奏でます。

レーズンとクルミが詰まった田舎パン。本物のパンは中までレーズンとクルミが入っていて、さすがです。

型に入れて焼く、かわいい形のパン・ド・カンパーニュ。皮がパリッとしていて中はもちもちのパンです。

フロイン堂　〒658-0072 兵庫県神戸市東灘区岡本1丁目11-23　078-411-6686

さっそく
ミニチュアにしてみました

久しぶりにフロイン堂を訪れ、初期のころの気持ちを思い出しました。思えばいつも、自分は前だけを見て歩いてきたような気がします。ときには立ち止まり、振り返ってみることも大切かもしれません。帰宅後、さっそくフロイン堂をモチーフにミニチュアを作りました。

Size
窯の台　幅111mm×奥行き48mm×高さ67mm

原寸大

ビニールの袋は、お店でいただいた袋を切って作りました。特徴あるロゴがポイントです。レンガの窯、実際に工房で焼かれていたパンをミニチュアで再現しました。窯のドアには、私ものぞかせてもらった窓もつけました。

Chapter 3

飾って楽しむ
ミニチュアワールド
Decorate the Miniature

単体でミニチュアを飾るのももちろん楽しいですが
小さな世界を作ったり、同じものをたくさん並べて飾ったりするのも
ミニチュアの楽しみ方のひとつです。
作品ができたら、ぜひ飾ってみてください。

パティスリー
Patisserie

いろいろな種類のガトーを作り、並べてパティスリーに。色とりどりのお菓子は見ているだけで幸せな気持ちになります。私の作品は複製する作り方がメインなので、このように並べやすいというメリットがあります。

Size
いちじくのタルト　直径6mm
ベリータルト　直径17mm

上／ディスプレイの舞台は、着せ替えのできるカウンターテーブル。前面のパネルを取り替えて雰囲気を変えることができます。左／テーマによって棚に置くものをチョイス。コップやキャニスターなどをセレクトしました。

右／マカロンのお菓子、イスパハン。ピンク色のマカロンにフランボワーズとクリームをはさみました。下／ミルフィーユはパイの質感が大切です。ラズベリーをトッピングしました。

原寸大
5　10　15　20　25

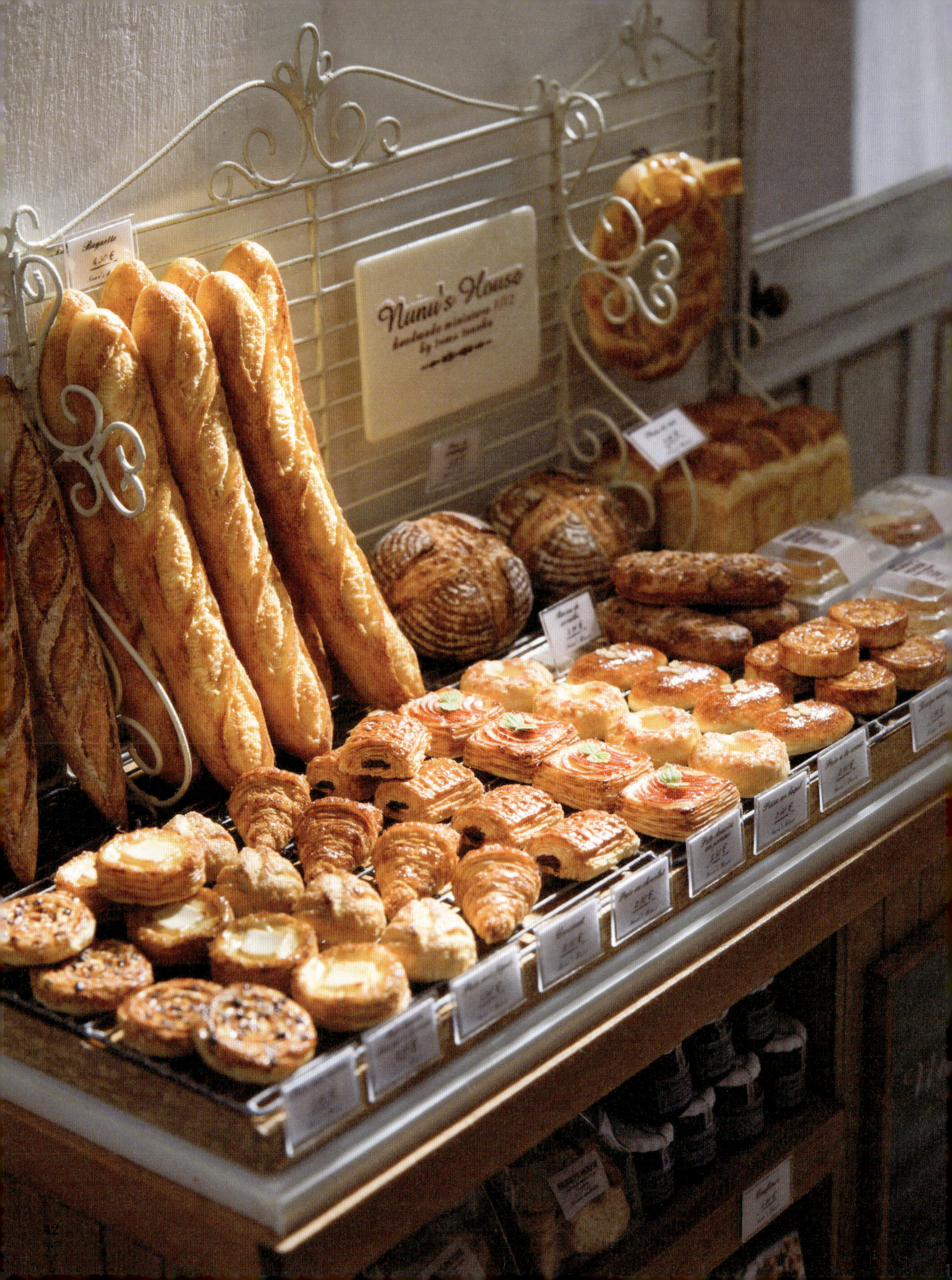
Nunu's House
Baguette

ブーランジェリー
Boulangerie

私たちにとってとても身近なパンを、お店のように並べてみました。天然酵母バゲットやパン・ド・カンパーニュ、デニッシュなど。このディスプレイを見て、どれにしようか選んでいるような気持ちになっていただけたら嬉しいです。

Size
パン・オ・ショコラ　縦5mm×横7mm
りんごのデニッシュ　縦6mm×横6mm
パン・ド・カンパーニュ　直径13mm×高さ6mm

上／ケースに入っているのはクロワッサンとパン・ド・カンパーニュのサンドイッチ。ケースも作りました。下／クロワッサンやパン・オ・ショコラやりんごのデニッシュなど、デニッシュ系のパンを中心にディスプレイ。

上／ブーランジェリーのディスプレイなので、棚にはジャムやラスクを並べました。ジャムの種類はオレンジ、ストロベリー、キウイ、カシスなど。瓶のふたは開きます。右／カウンターテーブルの前面のパネルはパティスリー（P41）と同じですが、背景にワイヤーのラックをつけました。ワイヤーはハンダづけで加工しています。

原寸大

テイクアウトスープ＆お惣菜セット
Deli Shop

デパ地下でお惣菜を買って帰る…そんな生活をしてみたい！ でも、実際は資料集めに見に行くぐらいです。お惣菜といえばこれ、という定番メニューを作ってみました。スープは、小さな丸い器の中で表現することを楽しみました。

Size

お惣菜の器　　縦9mm×横9mm×高さ3mm
スープの器　　直径9mm×高さ5mm
コーヒーの容器　直径7mm×高さ8mm

原寸大

上／この小さな器に入っているスープを見て、味を想像してもらえたら嬉しいです。下／四角い形はナスとドライトマトのキッシュ。丸い形はほうれん草とベーコンのキッシュです。

カウンターテーブルのパネルは白いタイプを選びました。タイルの天板を置いてデリショップの雰囲気に。

ボルシチ。玉ねぎやにんじんなどの野菜と牛肉を煮込んだスープ。

ほうれん草のポタージュ。

中華スープ。

ミネストローネスープ。

白身魚のマリネ。

ナスとトマトのサラダ。

ボンゴレ・ビアンコ。

海老のクリームソースパスタ。

メガネディスプレイ
Optician

この本の打ち合わせのときに出た、メガネ作ろうよ！ のひと言。これがきっかけでできた作品です。もしこの提案がなければ、作っていなかったかもしれません。あったらいいな、のミニチュアを、これからも形にできればと思います。

Size
メガネの幅12mm
メガネケース　縦7mm×横14mm×厚み1.5mm

カウンターテーブルのパネルを替え、スタイリッシュに。メガネをディスプレイする専用の棚は後ろから光を取り込めるよう、半透明の素材を利用しました。

私はこれまでメガネに縁がなく、だからミニチュアで作るという発想がなかったのですが、今回作るにあたって、お店を見に行き、並んでいるメガネのデザインを研究しました。

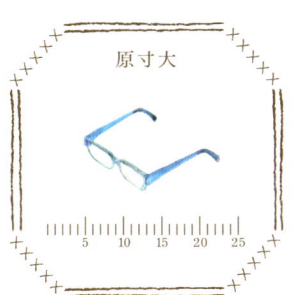

左／メガネケースと専用のディスプレイプレートを作りました。ケースは開閉できます。右／たくさん作ったメガネの中でもこの色が気に入っています。

原寸大

カウンターテーブル

`Size`

幅110mm×奥行き50mm×高さ68mm

上／基本の形のカウンターテーブル。このテーブルのフロントに、パネルを取りつけます。右／いろいろなデザインのパネルを作りました。形や素材のバリエーションも様々です。ディスプレイするものによってイメージを変えることができる、いわゆるギミックです。

小さなディスプレイ ｛くまのnunu｝
Mini Display

くまのnunuを作り、小さなケースに収めました。ケースの大きさに合わせて家具や雑貨なども小さく作り、空間を作り込むのも楽しい作業でした。ふたを開ければ模様替えもできます。

Size

ケース　幅45mm×奥行き15mm×高さ30mm
くまのnunu 身長23mm

原寸大

上／女の子は料理好きのテディベアをイメージして作りました。エプロンがお気に入りです。左／男の子は優しい色合いのおもちゃで遊ぶテディベアをイメージ。くまのnunuは手足が自由に動くように作りました。

バスソープギフトセット
Soap Gift

ベアの形の石鹸やブラシやタオルなどをまとめ、ギフトセットを作りました。入れ物はワイヤーバスケット。ワイヤーをハンダづけし、アイボリーに塗装しています。全体にナチュラルテイストに仕上げました。

Size
バスケット本体　縦20mm×横25mm×高さ13mm

原寸大

Tomo's Comment
贈り物は、喜んでいただけるものを選びたい。バスグッズコーナーに並んでいたら手に取ってもらえるような作品に仕上げました。

ワイヤーバスケットは本物と同じように作り、持ち手は可動式です。持ち運びに便利。

Column 2
アトリエにて

プランを立てたり資料を調べたり。ミニチュアを作るためのこのアトリエは、私が一日の大半を過ごす場所です。ここで教室も行っているので、大切な意見交換の場ともなります。

アトリエにはドクターキャビネットを置き、ミニチュアを飾っています。アトリエを訪れてくださった方々が見てくださるのも私にとってはとても嬉しいことです。『田中智のミニチュアワーク』（既刊）で紹介した作品も並べました。

教室では、センターのテーブルが作業の場となります。ひとり1セット、道具を用意し、生徒の皆さんが重い荷物を持たずに通えるようにしています。

自分専用のデスクには、作業の効率を考えて道具類を配置しています。下の写真は制作中のポット。塗装後、乾かしているところです。

作るものは常にスケッチしてイメージを明確にしています。イメージがあれば次にやることがわかるので、教室でもそのようにアドバイスしています。

Chapter 4

How to Make

これまで試行錯誤しながら制作してきたミニチュアのなかでも
作っていただきたいもののいくつかを紹介します。
特にお米やキャベツの作り方、またお皿を作るヒートプレスという手法は
オリジナルで作りおろした技法ですので、ぜひ試してみてください。

ミニチュア作りに使うおもな用具と素材

ミニチュアを制作するときに普段から使っている用具と素材を紹介します。
身近なところで手に入るものを利用していますが、ご自分に合った、使いやすいものを見つけてみてください。
用具と素材は使用説明書に従い、作業するときは換気を忘れずにしてください。

用具

切る

はさみ
ミニチュア作りでは、先の細い、細かい作業ができるものを用意しておきましょう。

細工用カッター
ミニチュア作りでもっとも多く登場するペン型カッター。プラスチック板やプラスチック棒を切るだけでなく、粘土を切ったり原型を整えたりするときにも使います。

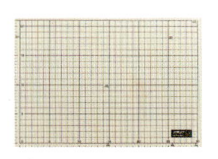

カッターマット
カッターを使うときは必ずマットを使います。メモリのあるタイプが便利です。

塗る

筆
絵の具やニスなどを塗るときに使います。小さい面積に塗るので、細いものを用意するとよいでしょう。塗るものによって使い分けます。

ペーパーパレット
絵の具やニスや接着剤などをこの上に出して作業することができ、便利です。

貼る

木工用接着剤
木や紙、布などを貼ることのできる接着剤。乾くと透明になります。ミニチュアでは素材同士をまとめるのにも使います。

模型用接着剤
プラスチックを貼り合わせることのできる接着剤。プラモデル用の接着剤を利用しています。

塩化ビニール系・ポリスチレン系接着剤
塩化ビニール系、ポリスチレン系の素材を接着するときに使用する液状の接着剤。気化するのが早いので素早く作業します。

両面テープ
型抜きした粘土を着色するとき、割り箸などにつけて作業すると便利です。(P57参照)

マスキングテープ
着色するときに色がはみ出ないように貼るテープ。粘着力が強くないので仮止めにも使えます。他にも、用途は様々。(P60、64参照)

整える

ピンセット
細かいパーツを貼ったり、作品をディスプレイしたりするミニチュア作りには欠かせない道具。先の細い、細かい作業ができるタイプが便利。

爪楊枝
ミニチュアの型の原型を作るときに活躍します。パテの形を整えていく作業は主に爪楊枝を使っています。

まち針
ミニチュアに表情をつけてよりリアリティを出したいとき、まち針があると便利です。(P59参照)

紙やすり
切り口を整えたり面取りしたり、誤差を直したりするときに使います。番号が小さいほど目が粗くなります。400〜2000番くらいを用意しておくとよいでしょう。

その他

やすり
グリップつきのやすり。プラスチック板の切り口を磨いたり、フライの衣を作ったりするのに使います。(P69参照)

ビニール手袋
原型を作るときのパテや型取り用のシリコンゴムをこねるときは、ビニール手袋をつけて作業してください。
※この本の作り方ではわかりやすいよう素手で撮影しています。

シャープペンシル
下書きするとき以外に、この本ではお米を作るときの型として利用しています。(P76参照)

ペンチ
お米を作るためにシャーペンの先端を加工するときに、ペンチを使います。(P76参照)

ドライヤー
粘土の水分を飛ばすために使います。この本ではお米を作るときに登場します。(76参照)

ブロワー
余分な粉砂糖(石膏)を落とすときやミニチュアについた埃を落とすときに、あると便利です。(P58参照)

トレーシングペーパー
描き写すという本来の使い方以外にも、薄いものを表現するときに使います。この本では、アジフライの尻尾に利用しています。(P68参照)

梱包材
梱包材の表面の凹凸を質感の表現に利用します。キャベツを作るときに使っています。(P72参照)

素材

型や土台になる

木材
ミニチュア家具の素材としてはもちろん、紙やすりを貼ったり、カップの原型にしたりと幅広く利用します。

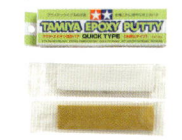

パテ
エポキシ造形パテ。粘土に似ていて扱いやすいパテです。速硬タイプは作業可能時間が1時間弱。ミニチュア作りに向いています。(P67参照)

樹脂粘土
樹脂粘土はきめが細かく、薄く伸ばすことができるので、ミニチュア作りに最適な素材です。パンやお菓子、お米などに利用しています。

紫外線硬化樹脂液
紫外線を当てると硬化する樹脂液。スープや紅茶などの飲み物を表現するときに使います。硬化させるためのUV照射器はP79を参照してください。

プラスチック板、プラスチック棒
素材として、原型として、また、パテを細工するときの土台としていろいろなところで活躍する素材。

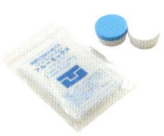

型取り用シリコンゴム
型になる材料。型取り用シリコンゴムにはいろいろな種類がありますが、速硬性タイプが短時間でできるので、ミニチュアに向いています。

着色する・仕上げる

絵の具
ミニチュアの着色には水彩絵の具を使っています。写真のように基本の色があれば、ほとんどの色を表現することができます。

模型用塗料
模型用アクリル塗料。透明感を出したいときに利用します。

スプレー塗料
器に色をつけたいときは、ムラなく塗装できるスプレー塗料が便利です。

トップコート
仕上げのつや出しに使います。ネイル用のトップコートや、プラモデルなどに使う工作用、どちらも便利です。

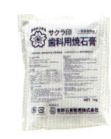

石膏
造形や型取りなどに使う石膏は、粘土に混ぜて使ったり、粉砂糖に見立てたり、用途も様々です。

How to make 1
ワッフルプレート

ワッフルメーカーで作られた生地は形がスタイリッシュでかっこいい。そのフォルムを再現するため、本物と同じように型ではさみました。まずは型の原型から作ってみましょう。

Size
トレー　縦20mm×横24mm
ワッフル　縦6.5mm×横6.5mm

ワッフルの型の原型を作る

1 1mm角のアクリル角棒を1mmの長さにカットする。一辺が1mmの立方体ができる。

2 プラスチック板（以下、プラ板）に、模型用接着剤で1の立方体を一列貼る。このとき、0.3mm厚の塩化ビニール板（以下、塩ビ板）をガイドにする。

3 模型用接着材は塩ビ板にはつかない（プラ板と塩ビ板とはつかない）のでガイドになる。一列に5つの立方体を貼っていく。

4 一列貼れたら、接着剤が乾く前に、隙間が0.3mmになるように0.3mm厚の塩ビ板を入れながら調整する。

5 次の一列も同じように塩ビ板をガイドにしながら隙間が0.3mm幅になるように貼る。

6 同じ要領で、一列ずつ隙間を均等にあけながら貼っていく。

7 1mmの立方体を縦に5つ、横に5つ貼ったところ。土台の余分なところをカットする。

8 木材の平らな面に紙やすりを貼り、7の表面をやすりがけする。

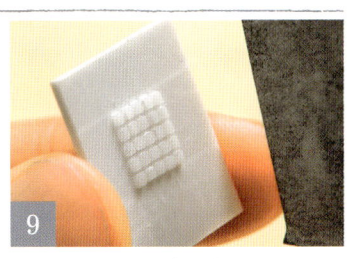

9 貼りつけたアクリル棒の高さが0.5mm以下でそろうようにやすりがけする。

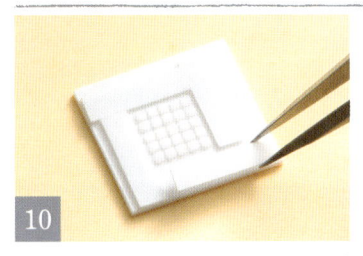

10 9の周りに、周囲を1mmあけて0.5mm厚のプラ板を貼っていく。

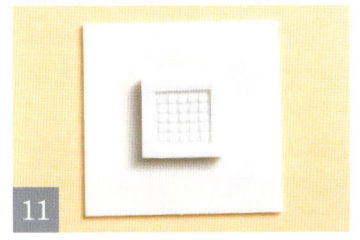

11 周りに貼ったプラ板が2mm幅くらいになるように土台ごとカットし、別のプラ板に貼る。

型を作る

1 型取り用シリコンゴムで型を作る。白と青の素材を1:1の割合で取る。
※実際に作業するときはビニール手袋を着用してください。

2 シリコンゴムの素材を、ムラのないように混ぜる。

3 11の原型に型取り用シリコンゴムを押しつける。まず格子部分の溝にゴムが入るよう、指先で丁寧に入れる。

4 溝に入れたら、原型全体が被るようにシリコンゴムを押しつける。シリコンゴムは混ぜ合わせてから1分45秒で硬化が始まるので、型取りはこの時間内に。

5 型取り用シリコンゴムは30分で完全に硬化するので、表面を針などでつついてみてへこまなければ型を取りはずす。

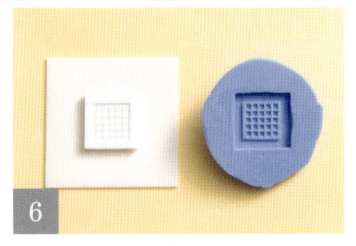

6 シリコンゴムをはずしたところ。これがワッフルの型の原型になる。

7 紫外線硬化樹脂液を他の容器に移す。

8 P55の6の型に紫外線硬化樹脂液を入れる。爪楊枝で気泡を取りながら、型に樹脂液を埋めていく。

9 UV照射器(P79参照)に入れて樹脂液を固める。

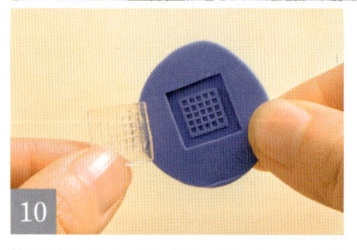

10 樹脂液を型からはずす。透明のワッフル型ができる。

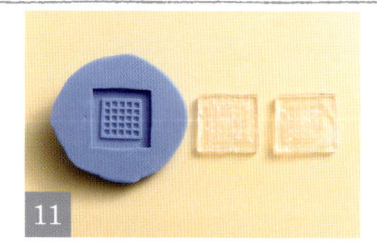

11 同じものを2枚作る。

12 2枚の型を重ねて格子模様を合わせ、粘土で型を取るときにずれないよう、2枚合わせた二か所の角をカッターで切り落として目印にする。

粘土を着色して型を取る

1 こげ茶、黄土色、茶色、白の絵の具を用意し、粘土をワッフルの生地の色に着色する。

2 絵の具は1色ずつつけていく。樹脂粘土に黄土色の絵の具をつけ、こねて着色する。

3 次に茶色の絵の具をつけ、こねる。

4 こげ茶の絵の具を少量つけ、こねる。

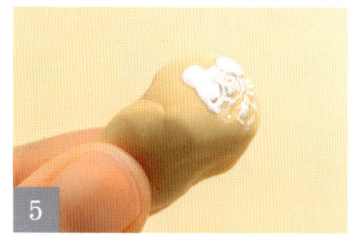

5 白い絵の具をつけ、こねる。これでワッフルの生地の色の粘土が完成。

6 器に石膏を入れ、着色した粘土につける。

7 粘土に石膏をたくさんつけて混ぜる。

8 石膏を混ぜることでワッフルの質感を出し、粘土の縮小率を下げ、乾燥を早めることができる。

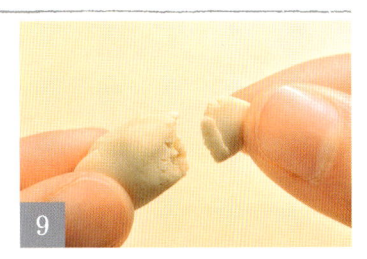

9 着色した粘土を少量取る。

10 P56の11で作った型に着色した粘土を詰める。

11 10の上からもう一枚の型をかぶせる。

12 切り落とした角を合わせて、格子模様がずれないように型同士を押す。型からはみ出た粘土は取る。

13 5～6分置き、1枚の型をゆっくりはずす。

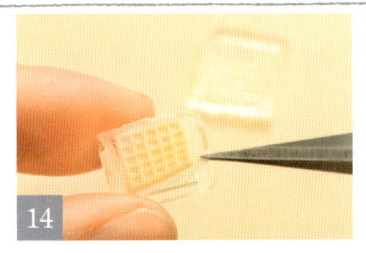

14 ピンセットを使って粘土をゆっくり型からはずす。

15 同じようにワッフルを3枚作る。

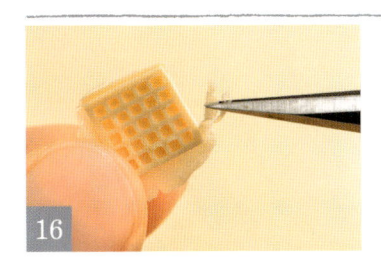

16 はみ出たところはピンセットで取る。きれいにはさみで切るのではなく、つまんで取った方がより本物らしくなる。

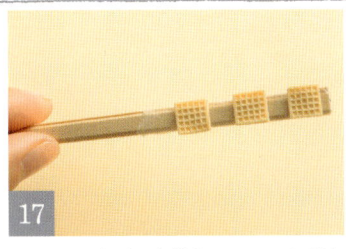

17 ワッフルの表面に表情をつけていく。割り箸に両面テープを貼り、ワッフルを貼ると作業しやすい。

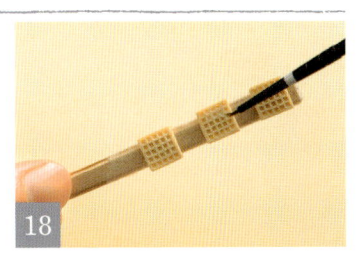

18 筆に水をつけ、ワッフルの表面につけて湿らせる。

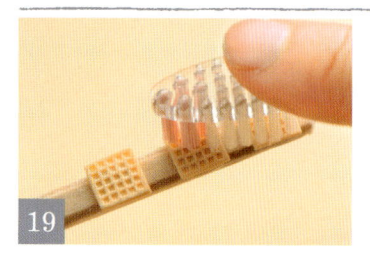

19 表面が少し柔らかくなったら歯ブラシを押すように当てる。	**20** ワッフルの表面に凹凸ができ、質感が出る。	**21** こげ茶色、茶色、黄土色を混ぜてワッフルのベースの色を作る。
22 ワッフル全体に塗る。	**23** 3枚すべて塗る。	**24** 同じ絵の具を混ぜて濃い色を作る。
25 焼き色をつける。	**26** スプレータイプのトップコート（仕上げ用コート剤）をワッフルの表面にかける。ここから、ひとつずつ作業する。	**27** コート剤が乾かないうちに、石膏をまぶす。
28 筆を使って多めにまぶす。	**29** ブロワーを使って余分な石膏を落とす。	**30** 粉砂糖がかかったワッフルの完成。他の2枚も同じように作る。

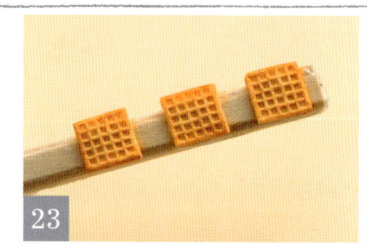

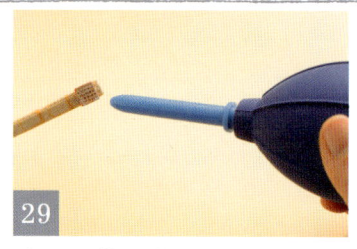

ブルーベリーを作る

1. 樹脂粘土に青、赤、白の絵の具で色をつけ、ブルーベリーの色にする。

2. ブルーベリーの色に着色した粘土を小さくつまんで丸める。

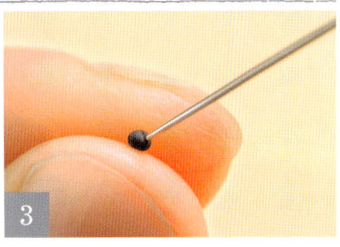

3. 丸めたブルーベリーの中心に針を刺し、小さく穴を開ける。

4. 筆先に水をつけ、穴の部分を湿らせる。

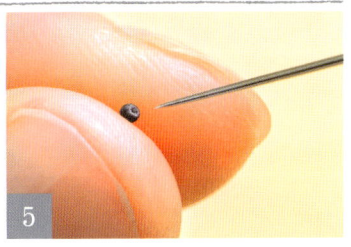

5. 湿らせて柔らかくなったところを針で少し広げる。

6. 白い絵の具に水をつけ、筆で伸ばす。

7. 水で伸ばした絵具を指につける。

8. 指でこすってなじませる。

9. ブルーベリーを、絵の具をつけた指先でころがし、周りを白っぽくする。

10. 一粒ずつ作る。

59

いちごを作る

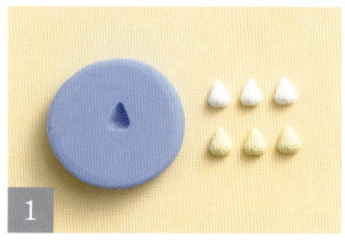

1. エポキシ造形パテの主剤と硬化剤を1:1の割合で混ぜていちごの原型を作り、型を作る。樹脂粘土を薄い緑と黄土色で着色し、型に詰めてはずす。

2. 表側、切り口側、両方を作る。
※いちごの詳しい作り方は既刊『田中智のミニチュアワーク』P69で紹介しています。

ミントを作る

1. 黄土色、緑、茶色、白の絵の具を用意し、樹脂粘土を着色する。

2. 樹脂粘土に黄土色の絵の具をつけて混ぜる。

3. 緑の絵の具をつけて混ぜる。

4. 茶色の絵の具をつけて混ぜる。

5. 白の絵の具をつけて混ぜる。

6. 着色した粘土をペーパーパレットの上で伸ばす。筆の柄などの細いもので伸ばすとよい。

7. 伸ばした粘土の表面にカッターで筋（葉脈）をつける。やすりで削って切れなくした刃を使う。

8. ミントの葉の形に切る。

9. 割り箸にマスキングテープを10回くらい巻き、その上にミントを置く。切れないカッターで葉の中心に線をつける。

10

爪楊枝に両面テープを貼り、ミントを貼って作業する。ミントのベースの色の上から、やや濃いめに色をつける。表面を筆でやさしくなでるように塗る。

盛りつける

1

トレー（P63　お皿の作り方参照）を作り、その上にワッフルをバランスよくのせる。ワッフルは木工用ボンドで貼る。

生クリームをのせる

1

樹脂粘土に白の絵の具を混ぜて着色する。

2

カッターの刃で生クリームの形を整えながら、取る。

3

ワッフルの上にボンドで貼る。

アイスをのせる

1

白く着色した粘土に黄土色を混ぜ、バニラアイスの色にする。

2

粘土を丸めてカッターの刃で切り込みを入れる。

3

切り込みを広げていく。

61

4	5	6
切り込みを広げながらひっくり返し、ぼそぼそした部分を表にする。	カッターの刃で形を整えながらアイスの形にして取る。	ワッフルの上に木工用接着剤で貼る。

ラズベリーソースをかける

1	2	3
模型用塗料のクリアーレッド、イエロー、黒を混ぜてラズベリーソースの色を作り、紫外線硬化樹脂液と混ぜる。筆でワッフルの上からかけ、UV照射器(P79参照)に入れて固める。	スプレータイプのトップコートをペーパーパレットの上に出す。	筆にコート剤をつけ、ラズベリーソースの上を塗る。

4	5
コート剤が乾かないうちに、石膏を筆でふりかける。	ミントの葉を木工用接着剤で貼って完成。

カップに紅茶を入れる

1	2	3
模型用塗料のクリアーイエロー、クリアーオレンジ、ブラックで紅茶の色を作り、紫外線硬化樹脂液と混ぜる。	1を、爪楊枝を使ってカップの中に入れる。（カップの作り方はP64参照）	2をUV照射器に入れ、固める。

How to make 2
お皿

お皿はヒートプレスという独自の技法で作ります。
私の場合、のせるものを作ってから
バランスでお皿の大きさを決めるので、
様々な大きさができるこの技法が適しています。

Size　トレー　縦20mm×横24mm
　　　　　カップ　直径8mm

トレーの型を作る

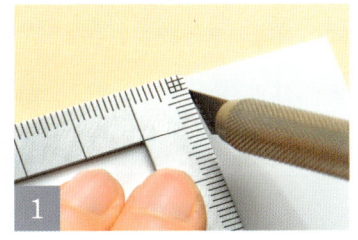

1 のせるものの大きさに合わせて形と大きさを決める。ここではP54のワッフルに合わせる。1.2mm厚のプラ板を20mm×24mmにカットする。

2 プラ板をカットするときは、カッターで強めに一度線を引き、手でしならせて割る。

3 プラ板をカットしたところ。

4 4つの角をカッターで切り落とす。

5 角を400番の紙やすりで整える。

6 プラ板のマット面に、端から1mm幅で線を引く。

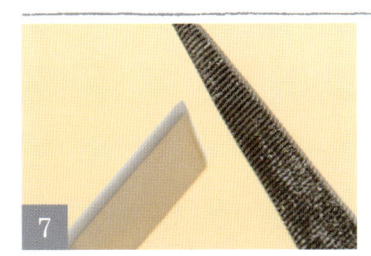

7 線を引いたところから厚みに傾斜がつくようにやすりがけする。

8 金属のやすりは粗いので、400番の紙やすりで整え、さらに仕上げに1000〜2000番の紙やすりで磨く。これが原型になる。

9 厚めの木材(15mmほどあるとよい)を原型の大きさにカットし、両面テープで原型を貼る。

カップの型を作る

1. 直径8mmのヒノキ棒を60〜70mm用意する。

2. 端から7mmのところに印をつける。印は数か所つける。

3. 印をつけたところをガイドにマスキングテープを貼る。

4. マスキングテープを貼ったところ。

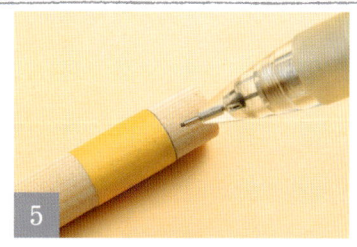

5. マスキングテープに沿って線を引く。線が引けたらマスキングテープをはずす。

6. 断面部分の中心を決める。定規を目安にして線を引く。

7. 中心から2mmのところに印をつける。

8. 中心から2mmのところにつけた印をつないで円を描く。

9. 端から4mmのところに線を引く。3と同じようにマスキングテープを利用して線を引く。

10. 4mmのところから、8で引いた円に向けてカーブを描くようにやすりがけする。

11. 仕上げは400番の紙やすりを使ってやすりがけする。

12. カップの型の完成。

型押しをする

1 木材に厚さ6mmほどのスポンジ素材（表面がフラットなものが適している）を貼る。割り箸（2本）、0.5mm厚の塩ビ板を用意する。

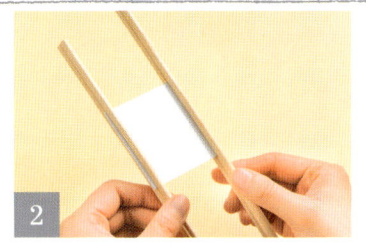

2 割り箸に塩ビ板をはさんで持つ。

3 塩ビ板を電気コンロ（P79参照）の上にかざし、熱で溶かす。
※必ず換気とマスクをしてください。

4 スポンジの上に熱でやわらかくなった塩ビ板を置く。

5 トレーの型（P63の9）を上から垂直に押しつける。

6 型をはずしたところ。一連の作業（3〜5）は手早く行うのがポイント。

7 塩ビ板の周囲をはさみで大まかにカットする。

8 カップの型押しに使う材料。直径10mm、内径9mmのアクリルパイプを長さ12mmくらい用意する。

9 0.5mm厚の塩ビ板を割り箸ではさみ、電気コンロで熱してやわらかくしてアクリルパイプの上にのせる。

10 9の上からカップの型（ひのき棒）を押しつける。線を引いたところ（7mm）まで押しつける。

11 型をはずす。

12 カップもトレーも余裕をもって縁周りをはさみで切る。

13 カップは好みの高さのところで切る。

14 大体の形になったら、400番から1000番の紙やすりで周りを磨く。

カップの持ち手を作る

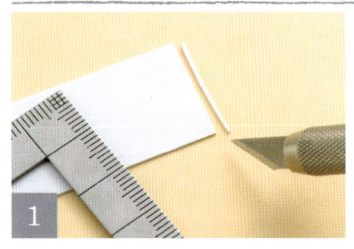

1 0.5mm厚の塩ビ板を0.5mm幅にカットする。

2 爪楊枝に巻いて持ち手の形をつける。

3 写真のような形にする。

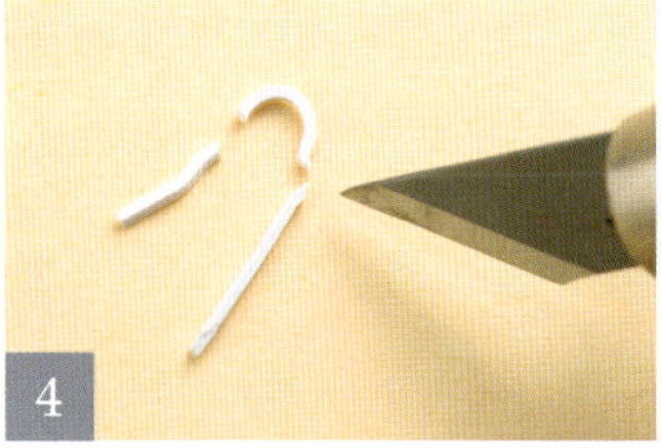

4 カッターで持ち手となる部分をカットする。

5 位置を決めて、カップ本体に塩化ビニール系接着剤を筆で塗る。

6 接着剤を塗ったところに持ち手をつける。塩化ビニール系接着剤は気化するのが早いので塗ったらすぐにつけるのがポイント。

7 トレーとカップの完成。

バリエーションに挑戦

1 ハート型の器はひのき棒をハート型に削って原型にする。

2 P65の手順で型押しするとハートの器ができる。

How to make 3
アジとカキのカフェプレートランチ

試行錯誤しながらたどり着いた、お米の作り方を紹介します。
お米ができると作品の幅も広がりますので、ぜひ試してみてください。

Size　トレー　縦26mm×横26mm

アジとカキの原型を作る

1 エポキシ造形パテの主剤と硬化剤を1:1の割合で混ぜる。

2 プラ板の片面を400番の紙やすりで削り、パテを置く土台にする。

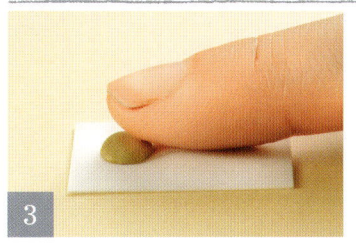

3 プラ板のやすりがけした面にパテを置く。プラ板を削るとパテが固定し、ずれないので、土台はすべてやすりがけする。

4 爪楊枝でパテを成形する。余分なパテは取り、アジの形に成形する。アジの大きさは幅7mm×長さ7mmくらい。

5 アジの形ができたところ。

6 同様にカキの分量のパテをプラ板に置き、爪楊枝を使ってカキの原型を作る。大きさは幅2mm×長さ4mmくらい。

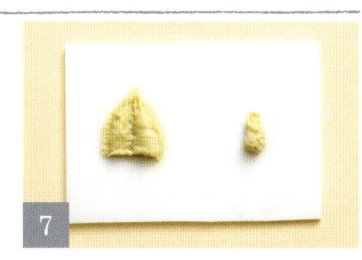

7 アジとカキの原型ができたら、完全に硬化するまで5〜6時間置く。

型を作る

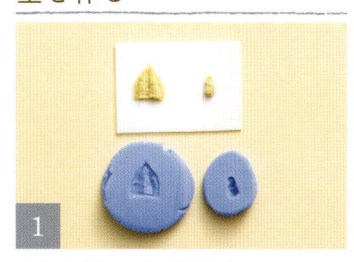

1 原型が硬化したら、型取り用シリコンゴムを押しつけ、型を作る。(P55参照)

粘土を着色して型を取る

1 樹脂粘土に黄土色と白の絵の具を混ぜてベースの色を作る。アジは黄土色が多め、カキは白を多めに。

2 型に粘土を詰める。粘土を詰めるときは表面を平らにし、詰めにくいときは指に水をつけるとよい。

3 粘土が乾いたらまち針の先を使って型からはずす。

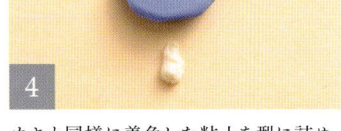

4 カキも同様に着色した粘土を型に詰め、乾いたらはずす。

アジとカキを仕上げる

1 トレーシングペーパーでアジの尻尾を作る。アジ本体に合わせて尻尾の形を決める。

2 カッターで切り込みを入れていく。

3 トレーシングペーパーの尻尾を本体の上から木工用接着剤で貼る。

4 アジフライの本体の完成。

5 茶色、赤、青、黄色の絵の具でアジとカキに色をつける。海のものは青を入れることがポイント。

6 爪楊枝に両面テープを貼り、アジとカキを貼って作業する。アジの尻尾に色をつける。

7 アジ本体にも色をつける。着色するときは資料を用意し、見本を見ながら塗るとよい。

8 カキにも色をつける。

衣をつける

1 厚さ1mmのプラ板をやすりで削る。これがフライの衣になる。細かく削ったほうが着色しやすい。

2 アジの本体に爪楊枝で木工用接着剤をつける。

3 本体全体につける。

4 削ったプラ板にアジをつけ、衣をつける。

5 アジの両脇にも木工用接着剤をつけ、爪楊枝で衣をつける。

6 カキも同様に木工用接着剤をつけ、衣をつける。

7 こげ茶色、茶色、黄土色の絵の具を使って衣の色を作る。

8 ベースの色は薄めに塗る。

9 絵の具が乾いたら、アジは本体のみ、カキは全体にトップコートを塗る。これは、衣をつけたときに下の色が外にしみ出ないようにするため。

※ 左上の「9」は本文と合わないが画像通り

9 さらに濃いめの色で重ね塗りする。

10 スプレータイプのトップコートをペーパーパレットに出し、筆でフライの表面を塗る。

11 アジとカキのフライの完成。

かぼちゃとさつまいもの原型を作る

1 1mm厚のプラ板にかぼちゃとさつまいもの形を描く。かぼちゃは幅約8mm。さつまいもは直径約3mm。

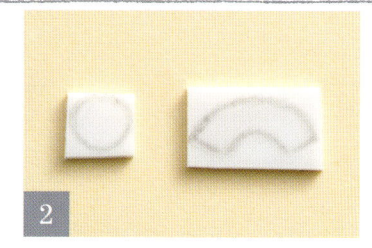

2 プラ板を下描き通りにカットする。

3 切り口にやすりをかける。面取りはしなくてよい。さつまいもはきれいな円ではなく角があった方がよりリアルにできる。

4 0.5mm厚のプラ板に模型用接着剤で原型を貼る。

型を作る

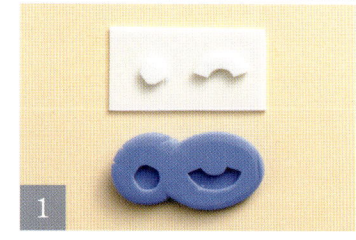

1 原型に型取り用シリコンゴムを押しつけ、型を作る。(P55参照)

粘土を着色して型を取る

1 かぼちゃの色。樹脂粘土に黄色、白、茶色、赤の絵の具で色をつけ、かぼちゃのベースの色にする。

2 さつまいもの色。樹脂粘土に黄色、白、こげ茶色、茶色の絵の具で色をつけ、さつまいものベースの色にする。

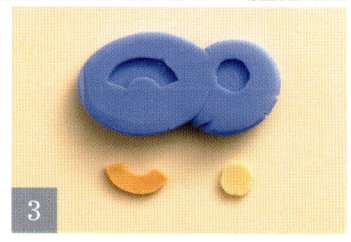

3 かぼちゃ、さつまいも、それぞれの粘土を型に詰め、乾いたら型からはずす。

かぼちゃに表情をつける

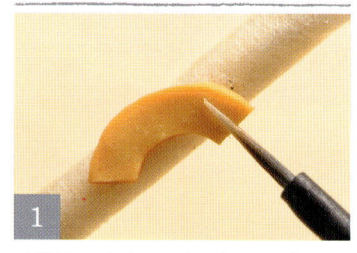

1 爪楊枝に両面テープを貼り、かぼちゃを貼る。かぼちゃの表面を水で湿らす。

2 湿らせた表面を歯ブラシでなでるような感じに当て、質感を出す。

3 こげ茶色、黄土色、緑の絵の具でかぼちゃの皮の色を作る。

4 かぼちゃの皮を塗る。

| 5 |
茶色と黄土色の絵の具でかぼちゃの濃い色を作る。

| 6 |
かぼちゃの身と皮の間、種を取った部分を、濃い色で塗る。

| 7 |
こげ茶色、茶色、黄土色の絵の具（P69の衣と同じ色）で全体を塗り、素揚げの感じを出す。

さつまいもに表情をつける

| 8 |
全体にトップコートを塗り、ティッシュペーパーで余分なコート剤を素早くふき取る。

| 1 |
さつまいもの表面に水をつけ、湿らせる。この作業も両面テープを巻いた爪楊枝を利用するとよい。

| 2 |
爪楊枝の先で、周りから中心に向かって粘土を寄せていく。

| 3 |
中心に寄せられて余った粘土は取る。

| 4 |
こげ茶色、赤、青の絵の具でさつまいもの皮の色を作る。

| 5 |
さつまいもの皮を塗る。

| 6 |
こげ茶色、茶色、黄土色の絵の具（P69の衣と同じ色）でさつまいもの断面を塗り、素揚げの感じを出す。

| 7 |
全体にトップコートを塗り、ティッシュペーパーで余分なコート剤を素早くふき取る。

きゅうりを作る

1 緑、黄色、白の絵の具で樹脂粘土を着色し、きゅうりのベース色の粘土を作る。

2 てのひらと指先で、着色した粘土を伸ばす。

3 こげ茶色、黄土色、緑の絵の具できゅうりの皮の色を作る。

4 2で伸ばした粘土の周りに皮の色を塗る。

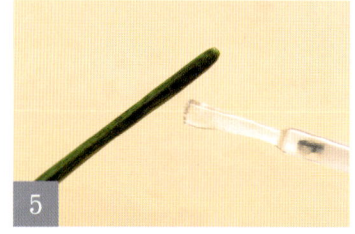

5 全体にトップコートを薄く塗り、ティッシュペーパーで余分なコート剤を素早くふき取る。

6 きゅうりを薄く切る。

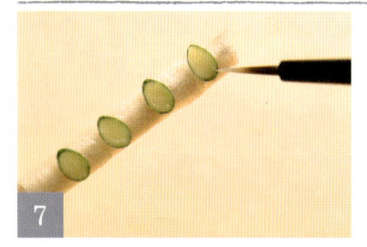

7 両面テープを貼った爪楊枝に、薄く切ったきゅうりを貼る。スプレータイプのトップコートをペーパーパレットに出し、筆で断面に塗る。

8 きゅうりの断面を針で数か所つつく。

9 針でつついた部分にベースより濃い色を入れる。コート剤を塗ったところは絵の具をはじくので、つついた部分にだけ色がつく。

キャベツを作る

1 きゅうりと同じ色（緑、黄色、白の絵の具）で樹脂粘土を着色する。

2 着色した粘土を丸めて梱包材の上に置く。

3 梱包材で樹脂粘土をはさみ、平らなものを使って粘土をつぶす。

4	5	6
梱包材の凹凸が粘土に移る。	粘土がやわらかいうちに、ピンセットの先でしわを作る。	しわをつけた粘土を大まかに切りそろえる。

7	8
粘土を重ねて千切りする。	キャベツの千切りの完成。

パセリを作る

1	2	3
こげ茶色、黄土色、緑の絵の具でパセリの色を作り、薄めのトレーシングペーパーに塗る。	全体にトップコートを薄く塗る。	ティッシュペーパーで余分なコート剤を素早くふき取る。

4	5	6
4〜5mm幅にカットする。	カットしたトレーシングペーパーを1mm以下の幅にカットする。	5をさらに細かくカットする。

トマトを作る

1 他のものを作ったときに余った粘土を原型に利用する。粘土は捨てずに丸めておくとよい。

2 丸めておいた、固くなった粘土をくし型にカットする。

3 作りたい大きさにカットし、形を整える。

4 種の部分を削ってトマトの形に整える。これが原型になる。

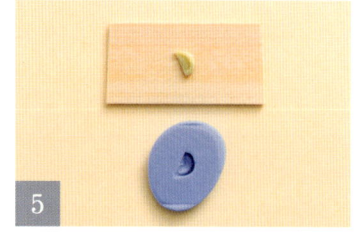

5 原型ができたら木材に木工用接着剤で貼り、型取り用シリコンゴムで型を取る。

6 黄土色と赤の絵の具で樹脂粘土を着色し、トマトのベースの色にする。

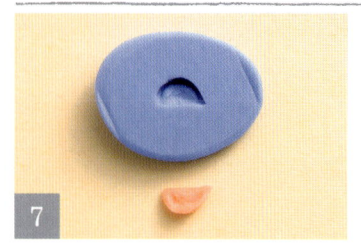

7 型に着色した粘土を詰め、乾いたら型からはずす。

8 種を作る。黄土色と白の絵の具で樹脂粘土を着色し（P68のアジのベースと同じ色）てのひらで伸ばす。

9 伸ばした粘土を細かく切る。これが種になる。

10 爪楊枝に両面テープを貼り、トマトを貼って作業する。トマトの種の部分に水をつける。

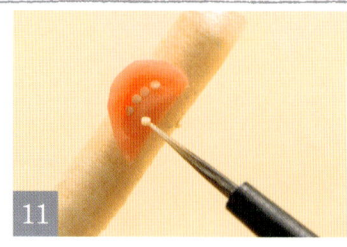

11 水をつけたところに種をつけていく。

12 赤とこげ茶色でトマトの色を作る。

13 トマト全体に色をつける。

14 模型用塗料のクリアーイエロー、ブラック、クリアーグリーンで種の部分の色を作り、紫外線硬化樹脂液と混ぜる。

15 種をつけたくぼみの部分に14の樹脂液をつけ、UV照射器(P79参照)に入れて固める。

ガーリックスライスを作る

1 白、こげ茶色、黄土色の絵の具で樹脂粘土を着色し、ガーリックの色にする。

2 指先で三角を作り、この指先を使って粘土の形を整えていく。

3 伸ばした粘土を指先で三角柱の形に整える。

4 粘土が乾いたら薄くカットする。

5 カッターの先で中心に穴を開ける。

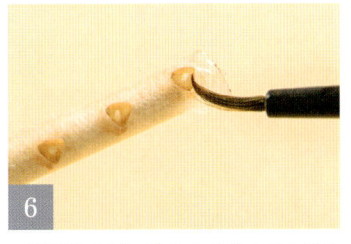

6 こげ茶色、茶色、黄土色の絵の具で焼き色を作り、ガーリックを色づけする。

コンソメスープを作る

1 赤、黄土色、茶色、白の絵の具で樹脂粘土を着色し、筆の柄などで薄く伸ばす。これがにんじんになる。

2 細くカットする。

3 白で着色した粘土を伸ばし、細くカットする。これが大根になる。

4 模型用塗料のクリアーレッド、ブラック、クリアーイエローを混ぜてコンソメスープの色を作り、紫外線硬化樹脂液と混ぜる。

5 スープのカップ（P64～参照）に六分目ほど樹脂液を入れる。樹脂液を入れたらUV照射器に入れて固める。両面テープを貼った爪楊枝にカップを貼ると作業しやすい。

6 樹脂液が固まったら、野菜を入れる。カットしたにんじんと大根に4の樹脂液を混ぜてなじませる。

7 固まった樹脂液の上ににんじんと大根をバランスよくのせる。野菜をのせたらUV照射器に入れて固める。

8 さらに樹脂液を入れ、UV照射器で固める。固まった樹脂液の上に、筆で樹脂液を塗る。

9 みじん切りのパセリ（P73参照）を樹脂液の上に筆でのせ、最後にもう一度UV照射器で固めて完成。

ガーリックライスを作る

1 0.5mmのシャープペンシルの先端を型に使う。写真のように、先端が筒形になっているタイプのシャープペンシルを用意する。

2 ペンチで先端をお米の形につぶす。

3 白、黄土色、こげ茶色の絵の具で樹脂粘土を着色する。薄い色から着色するのがポイント。

4 ガーリックライスの色に着色した樹脂粘土。

5 ペーパーパレットの上で粘土を薄く伸ばす。

6 伸ばした粘土にドライヤーをかけて、表面を乾かす。

7 シャープペンシルの先端で型を抜いていく。ドライヤーをかけた粘土は表面だけ乾き、パレットとの接着面は乾いていないので、型を抜いたときにパレットに残る。

8 粘土いっぱいに型を抜いていく。

9 粘土が乾いたらパレットからはずし、シート状になった粘土を曲げると型抜きしたお米が浮いてはずれる。

10 米粒の完成。

プレートを作る

1 お皿の作り方(P63参照)の応用で、仕切りのあるプレートを作る。1mm厚のプラ板に、仕切りごとのプラ板のパーツ(1mm厚)を4枚貼る。形を整えたら、木材に貼る。

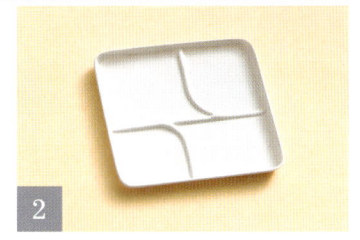

2 塩ビ板を熱してやわらかくし、1の型を押す(P65〜参照)。周囲をカットして紙やすりで整える。

ライスを盛りつける

1 ペーパーパレットに少量の水をたらす。

2 筆の先でお米を取り、少量の水でまとめる。あまり水をつけると粘土が溶けてしまうので量に注意する。

3 まとまった少量のお米をプレートにのせる。

4 同じように、少量の水とお米を筆先でまとめながら、プレートに盛りつけていく。

5 ガーリックライスを盛りつけたところ。

6 ライスはプレートについているが、衝撃ではがれることもあるので、粘土が硬化したら木工用接着剤でプレートにつけておくとよい。

こしょうを作る

1 黒のプラスチックをやすりで削り、こしょうにする。ここではボールペンのノック部分を利用。

2 筆の先に少量の水をつけ、こしょうを取りガーリックライスの上にのせる。パセリ（P73）も同様にのせる。

3 ガーリックスライスをのせる。木工用接着剤でバランスよくのせていく。

盛りつける

1 プレートに盛りつけるものを用意する。

2 見せたいところはどこか考えながら盛りつけていく。コーナーごとに、奥から並べるのがコツ。木工用接着剤でプレートにつけていく。

3 キャベツの千切りは、お米と同じように（P77参照）筆先につけた少量の水でまとめながら盛りつけていく。粘土が硬化したら木工用接着剤でプレートにつける。

4 キャベツの手前にきゅうりとトマトを木工用接着剤で盛りつける。

タルタルソースを作る

1 きゅうり、さつまいも、大根用に着色した粘土の残りを用意する。

2 それぞれをみじん切りにする。きゅうりはピクルス、さつまいもはゆで卵の黄身、大根はゆで卵の白身に見立てる。

3 木工用接着剤を白と黄土色の絵の具と混ぜ、マヨネーズ状にする。

4	5	6
3に黄身(さつまいもの残りの粘土)を少しずつ混ぜる。	次に白身(大根用の粘土)を少しずつ混ぜる。	最後にピクルス(きゅうりの残りの粘土)を混ぜる。ピクルスは色移りを防ぐために手早く混ぜる。

仕上げ

7	1	2
タルタルソースができたらカキフライにのせる。	タルタルソース、ガーリックライス、キャベツの、光沢が足りないところに筆を使ってトップコートを塗る。	スープをのせて完成。スープのカップには転写シールを使って模様を入れたり、絵を描いたりしてもよい。

こんな道具が便利です

作り方で登場する、特別な道具を紹介します。
お皿を作るためのヒートプレスという手法で欠かせない電気コンロと、
液体を表現するときに使う樹脂液を固めるためのUV照射器です。

電気コンロ
お皿やカップを作るときに使用します。電気コンロで塩ビ板を熱するので、やけどをしないよう注意することと、換気を忘れないでください。

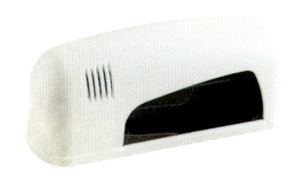

UV照射器
アクセサリー作りで使われる紫外線硬化樹脂液をミニチュア制作に利用しています。樹脂液は、この照射器に入れて紫外線に当てると硬化します。

Column 3
Garden & Kitchen Studio ができるまで

Chapter 1で紹介したキッチンスタジオができるまでを写真に収めていました。見どころがたくさんあるハウスを作りたくて、いろいろと盛り込みましたが、今となってみると必死だったことばかり思い出されます。

窓ガラス（アクリル板）や麦球を交換可能にし、アフターケアができるように意識して作りました。

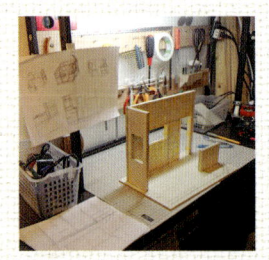

設計図を描き、土台から制作開始です。この時点でどんな雰囲気にするかのイメージはできています。

窓が入り、床もできあがり、キッチンを制作中。金槌とカッターを置いて雰囲気作り。ちょっとしたシャレです。

このハウスの主役ともいえるキッチン。天板はタイル張りで清潔感あふれるキッチンにしました。

ワイヤーを細工してハンダづけし、ハウス正面の入り口付近に設置するフェンスを作りました。

ハウスのベースができてくると、中に置くものの制作です。トースターを作って乾かしています。

窓はアクリル板を利用しました。透明のマニキュアを、叩くように塗り、すりガラスを表現しました。

内装ができ、バランスを見ながら棚や雑貨を飾っていきます。

このハウスに彩りを添えるグリーン。ワイヤープランツを制作中。なかなか根気のいる作業でした。

キッチンや壁に取りつけた棚に、雑貨を飾りつけます。インテリア雑誌が一番の参考資料です。

ハウスの右手奥に置いたオイルヒーター。質感を出すためには色とつやがポイントになります。

最初ドアには何も飾っていませんでしたが、寂しいかなと思い、リースを作って飾ってみました。

キッチン雑貨やグリーンも完成し、あとはバランスを見ながらディスプレイ。とても楽しい工程です。

制作工程撮影／田中智

Chapter 5

もうひとつの
ミニチュアワールド

Miniature World of Another

洋風の食べ物をメインにミニチュアを作ってきましたが、
これからは、国籍やジャンルを問わず、
見てくださる方々が共感できるもの、思わず笑みがこぼれるものを
どんどん作っていきたいと思っています。

I will leave you to your dinner.

和風ハンバーグランチ
Washoku

「和カフェ」で食べられるような和のメニュー。現在を感じる作品に仕上げました。それぞれの食材の質感やつや、お米の大きさなどにこだわり、時間をかけて作りました。和皿も本物の焼き物のように表現しました。

Size
大皿　直径23mm
茶碗　直径10mm

上／ご飯は五穀米。お米とゴマでは形や大きさが微妙に違います。左／メインは和風ハンバーグ、大根おろしとネギ添えです。大根おろしは半透明のクリアファイルを削って作りました。つけ合わせはひじき煮、カットトマト、オニオンスライス、レタス、きゅうり、ほうれん草のキッシュ。

レンコンのきんぴらと、つみれ汁も添えました。きんぴらに入れたにんじんとごぼうは、本物と同じように、棒状に作ってからささがきにしました。

原寸大

アジとカキのカフェプレートランチ
Washoku

このメニューならお客さんがランチに来てくれる！そんな思いをミニチュアにしました。フライと素揚げ、2種類の揚げ物の質感、つけ合わせの野菜の色合い、全体のバランスなど、細部に気を配りました。

Size
トレー　縦26mm×横26mm

Tomo's Comment
フライやお米やキャベツなど、なるほど！と思っていただける技法を紹介していますので（P67～）、ぜひ作ってみてください。

トマトのみずみずしさ、キャベツのシャキシャキ感など、見ただけで味や歯ごたえの感触がわかるような作品を作るよう、心がけています。

原寸大

5　10　15　20　25

コンビニお弁当セット
Bento

きっと誰もがお世話になったことがある、コンビニのお弁当。容器や中身、パッケージなど、共感をもっていただけるように作りました。温かいものを入れる袋はもちろん、色つきです。ペットボトルのお茶も用意しました。

Size
のり弁当の容器　縦14mm×横21mm
ハンバーグ弁当の容器　縦18mm×横21mm

左／コンビニのお弁当らしく、容器の上からラップが巻いてある様子も再現。上／ラップをはがし、ふたを開けて、いただきます。ペットボトルはふたを開けることができます。

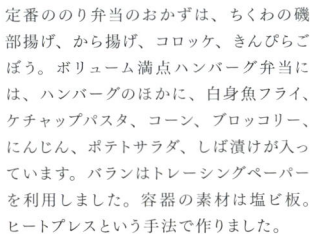

定番ののり弁当のおかずは、ちくわの磯部揚げ、から揚げ、コロッケ、きんぴらごぼう。ボリューム満点ハンバーグ弁当には、ハンバーグのほかに、白身魚フライ、ケチャップパスタ、コーン、ブロッコリー、にんじん、ポテトサラダ、しば漬けが入っています。バランはトレーシングペーパーを利用しました。容器の素材は塩ビ板。ヒートプレスという手法で作りました。

原寸大

コンビニパンセット
Convenience Foods

手軽でおいしいパン。ランチのときに、甘いパンと惣菜パンをバランスよく選ぶ。種類が多くて、コンビニに行くと迷ってしまいますよね。ということで、今回は私の好きなパンセレクトを作ってみました。

Size
メロンパン　直径12mm

肉まんはどうしても敷き紙に生地がこびりついてしまうんですよね。

原寸大

メロンパン、ソーセージパン、肉まん、5個入りチョコパン、そしてカレーパン。私の好物です。牛乳も一緒に買いました。現代の印刷技術が優れているおかげで、袋にもリアリティを出すことができます。

携帯端末セット
Mobile Phones and peripherals

今や私たちにとって欠かせないツール。きっとこれからもどんどん進化して、今の子どもたちが大きくなるころには、昔はこんな形だったんだ！と驚かれるのかもしれませんね。そんな時代を象徴するアイテムも作ってみたくて形にしました。

Size

スマートフォン　縦9mm×横5mm×厚さ1mm
モバイルヘッドフォン　高さ15mm

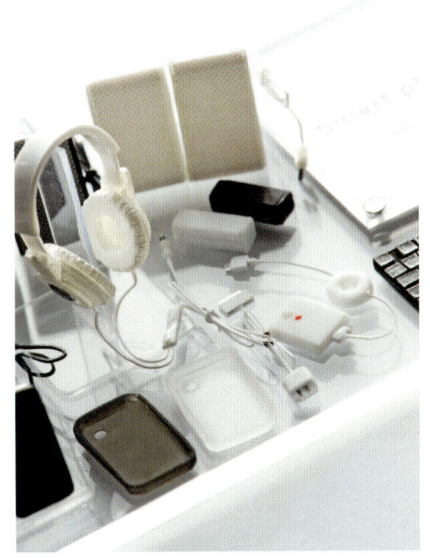

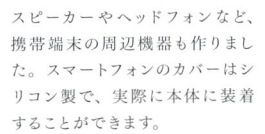

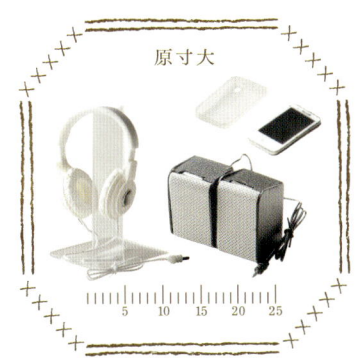

スピーカーやヘッドフォンなど、携帯端末の周辺機器も作りました。スマートフォンのカバーはシリコン製で、実際に本体に装着することができます。

原寸大

おわりに

今回の書籍は、何度もミーティングをして
作るものを相談しながら念入りに進めました。
でも、振り返ると、こうすればよかった、もっとできたんじゃないか…
そう思うことがたくさんあり、キリがありません。
この気持ちを、今後の制作活動に生かしていきたいと思います。
スタッフの方々にはたくさんの希望を聞いていただき
本当に感謝しています。
前回同様、今回も、制作・撮影でたくさんの経験ができました。
この本を見てくださった方、支えてくださった方々に
心より感謝申し上げます。

田中智

Handmade Series
田中智のミニチュアコレクション

2014年6月3日　第1刷発行

著者　　　田中智
発行人　　河上清
編集人　　澤田優子
編集長　　矢代伸一

Staff
撮影　　　　　　横田公人
スタイリング　　田中智
ブックデザイン　塚田佳奈（ME&MIRACO）
企画・編集製作　庄司靖子

発行所　　株式会社 学研パブリッシング
　　　　　〒141-8412
　　　　　東京都品川区西五反田2-11-8

発売元　　株式会社 学研マーケティング
　　　　　〒141-8415
　　　　　東京都品川区西五反田2-11-8

印刷所　　共同印刷株式会社

この本に関する各種お問い合わせ先
＜電話の場合＞
○編集内容については
　tel 03-6431-1516（編集部直通）
○在庫、不良品（乱丁、落丁）については
　tel 03-6431-1250（販売部直通）
＜文書の場合＞
〒141-8418　東京都品川区西五反田2-11-8
学研お客様センター
「田中智のミニチュアコレクション」係

この本以外の学研商品に関するお問い合わせは
下記まで
Tel 03-6431-1002（学研お客様センター）

©Gakken Publishing 2014 printed in Japan
©Tomo Tanaka
本書の無断転載、複製、複写（コピー）、翻訳を禁じます。
本書を代行業者等の第三者に依頼してスキャンやデジタル化
することは、たとえ個人や家庭内の利用であっても、著作権法
上、認められておりません。

複写（コピー）をご希望の場合は、下記までご連絡ください。
日本複製権センター　http://www.jrrc.or.jp/
E-mail：jrrc_info@jrrc.or.jp　TEL：03-3401-2382
Ⓡ＜日本複製権センター委託出版物＞

学研の書籍・雑誌についての新刊情報・詳細情報は、下記をご
覧ください。
学研出版サイト　http://hon.gakken.jp/